Markus Andreas Mayer

Die Räterepublik 1918/1919 in München: Freikorps gegen die Räterepublik

GRIN Verlag

Bibliografische Information der Deutschen Nationalbibliothek:

Die Deutsche Bibliothek verzeichnet diese Publikation in der Deutschen National-
bibliografie; detaillierte bibliografische Daten sind im Internet über http://dnb.d-
nb.de/ abrufbar.

Impressum:

Copyright © 2001 GRIN Verlag GmbH
Druck und Bindung: Books on Demand GmbH, Norderstedt Germany
ISBN: 978-3-638-94339-0

Dieses Buch bei GRIN:

http://www.grin.com/de/e-book/86466/die-raeterepublik-1918-1919-in-muenchen-
freikorps-gegen-die-raeterepublik

Die Räterepublik 1918/1919 in München:

Freikorps gegen die Räterepublik

Hausarbeit zum Referat (überarbeitet)

Dresden 2001

von Markus Andreas Mayer

Inhalt

1. Einleitung 3

   1.1   Einordnung in den geschichtlichen Zusammenhang 3

   1.2   Hinführung zum Thema 3

   1.3   Definition Rätemodell 4

2. Wie kam es zur Räterepublik? 4

   2.1   Strömungen und Stimmungen 1918 in Deutschland 4

   2.2   Das Ende der Monarchie in Bayern 5

3. Die Räterepublik in München 5

   3.1   Regierungs- und Machtverhältnisse 5

   3.2   Ereignisse außerhalb Münchens 7

      3.2.1   Die Entwicklung in anderen bayrischen Städten 7

      3.2.2   Die Entwicklung außerhalb Bayerns 7

4. Das Ende der Räterepublik München 8

   4.2   Das Freikorps- Zusammensetzung und Motive 8

   4.2   Das Verhältnis von Preußen und Bayern 8

   4.3   Der Einfluß der Entwicklung in Rußland auf Deutschland............................ 8

   4.4   Die weitere politische Entwicklung in Deutschland in Zusammenhang mit der

        Räterepublik München 9

5. Zusammenfassung 10

   5.1   Zusammenfassung der wichtigsten Ergebnisse der Räterepublik 10

   5.2   Die Räterepublik München und ihre Ergebnisse aus heutiger und damaliger

        Sicht – Ein Vergleich 10

6. Resümee 12

   6.1   Aktueller Bezug Rätemodell : mehr Demokratie ? 12

   6.2   Wie können die Anarchismustheorien Kropotkins und Gustav Landauers heute

   verwertet werden? 12

7. Verwendete Quellen... 13

1. Einleitung[1]

1.1 Einordnung in den geschichtlichen Zusammenhang

Mein Referat gibt einen Überblick über die Ereignisse und Hintergründe der Räterepublik in München in dem Zeitraum vom 8.11.1918 bis zum 8.5.1919. Diese sollen historisch eingeordnet werden und mögliche Lehren für die Gegenwart sollen gezogen werden.

Im Jahre 1918 befindet sich Deutschland im letzten Jahre des ersten Weltkrieges. Die militärische Situation wird zu Anfang des Jahres - positiv gesehen - als haltbar bezeichnet. Bei den Mittelmächten gibt es allerdings zu Anfang des Jahres Streik- und Demonstrationswellen mit bis zu einer Million gleichzeitig Streikenden. Die anfangs erfolgreiche Frühjahrsoffensive wird zurückgeschlagen und am 8.8 führt der Angriff der Entente an der Nordwestfront dazu, dass die oberste Heeresleitung den Krieg als nicht mehr gewinnbar beurteilt.

Innenpolitisch betrachtet entstehen erst Räterepubliken in ganz Deutschland, werden aber von der, von der SPD unterstützen, Reichswehr und Freikorps blutig niedergeschlagen. 1919 wird der Vertrag von Versailles unterschrieben – ein Diktatfrieden.

Nun folgt die Weimarer Republik – eine Demokratie ohne Demokraten – über Präsidialkabinette und die Weltwirtschaftskrise wird die Republik 1933 in einen von Adolf Hitler nach dem Führerprinzip beherrschten faschistischen Staat umgewandelt; dies mündet 1939 in dem zweiten Weltkrieg. Nach dem verlorenen zweiten Weltkrieg wird Deutschland geteilt, 1949 die Bundesrepublik gegründet und 1990 wiedervereinigt.

1.2 Hinführung zum Thema

Im Jahre 1918 hat sich innenpolitisch vor allem die SPD von ihren Stellungnahmen zu Anfang des ersten Weltkrieges distanziert. Das Befolgen alter Werte und Normen, das Festhalten an der Monarchie, der Sinn des Krieges wird angezweifelt. Die Verhältnisse drohen umzustürzen - Revolution. Die Menschen wollen wieder Frieden und ausreichende Nahrungsversorgung. Mit den alten gesellschaftlichen Kräften scheint dies nicht möglich zu sein. Die Arbeiterbewegung ist gespalten, aber eines steht fest: die Arbeiter werden ein wichtiger Machtfaktor werden.

---

[1] Sämtliche verwendete Literatur wird am Ende der Arbeit aufgelistet.

3

Weltrevolution, Gleichheit aller Menschen, Expropriation der Expropriateure, Rätesystem, historischer Materialismus, Determiniertheit der Geschichte, Kommunistische Internationale: Schlagwörter die dem einfachen Mann auf der Straße in dieser schwierigen Situation einen Ausweg zu zeigen schienen. Konnte die Räterepublik ihren Ansprüchen gerecht werden?

1.3   Definition Rätemodell

Dieses politische System ist dadurch gekennzeichnet, dass der Volkswillen dadurch zum Tragen kommen soll, dass gewählte Soldaten- Arbeiter- und Bauernräte, politische Macht besitzen und den Willen ihrer Klientel zum Ausdruck bringen und durchsetzen.

Die Räte können jederzeit von ihrer Wählergruppe abgesetzt werden.

2.   Wie kam es zur Räterepublik?

2.1   Strömungen und Stimmungen 1918 in Deutschland

Seit dem kommunistischen Manifest 1848 schien die politische Ordnung in Deutschland einer ständigen (aber anti-ständischen) Bedrohung ausgesetzt zu sein. Bismarck gelang es noch mit langsamen sozialen Verbesserungen die Macht der Sozialisten unter Kontrolle zu halten. Gegen Ende des ersten Weltkrieges war die Stimmung in Deutschland nicht mehr ohne Vorbehalt royalistisch, nationalistisch und patriotistisch geprägt. Der lang andauernde Krieg sollte endlich beendet werden, gekürzte Lebensmittelrationen machten vor allem der Stadtbevölkerung und den Industriearbeitern zu schaffen. Die SPD teilte sich während des Krieges in MSPD (Merheitssozialdemokraten) und USPD (unabhängige Sozialdemokraten) auf. Links daneben befand sich noch der Spartakusbund, der kommunistische Bestrebungen verfolgte. Außerdem befanden sich Berufsrevolutionäre sowie Anarchisten in Deutschland, die schon jahrelang ihre Vorstellungen propagiert hatten.

Schon Ende Januar 1918 gab es umfangreiche Demonstrationen in Deutschland und Österreich, sowie Massenstreiks, an denen bis zu eine Million Menschen beteiligt waren. Die Kritik am bestehenden System wurde immer lauter. Das Ende der damaligen Monarchie begann sich abzuzeichnen. Auch in Kreisen von Liberalen und beim Bürgertum wurde vielfach eine konstitutionelle Monarchie gefordert. Den stärksten Bevölkerungsanteil repräsentierten damals jedoch die sozialistischen Parteien. Nur gab es innerhalb der sozialistischen Bewegung keine Einigkeit. Die Vorstellungen gingen so weit auseinander, dass die MSPD zeitweise bürgerlichen Parteiungen näher stand als der USPD oder gar den Spartakisten.

Eine wichtige Streitfrage war, ob der Sozialismus sofort existieren könne oder ob nicht noch Zwischenstadien eingeschaltet werden müssten, die Zeit also noch nicht reif für den Sozialismus sei.

Aber: Die Arbeiterbewegung war so dominant, dass sie sich selbst diese Aufsplitterungen leisten konnte; und so kam es denn unausweichlich zum Ende der Monarchie.[2]

2.2 Das Ende der Monarchie in Bayern[3]

Am 2.11.1918 wird die Regierung in München unter Einbeziehung der M(SPD) umgebildet. Vom 3.11.-9.11.1918 beeinflussen die Kieler Matrosenaufstände Bewegungen in ganz Deutschland. Am 7.11. werden schließlich in ganz München Arbeiter- und Soldatenräte gebildet, Kurt Eisner (USPD) proklamiert den Freistaat Bayern. Die politische Lage war zuvor von führenden Militärs, die einen ausreichenden Schutz durch stationierte Verbände garantierten, sowie Erhard Auer, den führenden MSPD Politker falsch eingeschätzt worden. Dies resultierte unter anderem aus den chaotischen Zuständen, die schwer abschätzbare Reaktionen des Volkes herausfordern konnten. Die Demonstrationszüge zogen unbehelligt durch die Stadt und befreiten die neuen „Genossen" aus den Kasernen, die sich ohne Gewalt anschlossen. König Ludwig der III floh in der Zwischenzeit aus der Stadt. Am nächsten Tag ruft Eisner die Republik aus , Prinz Max von Baden verkündet am 9.11. die Abdankung des letzten deutschen Kaisers,Wilhelm II.

3. Die Räterepublik in München

3.1 Regierungs- und Machtverhältnisse

Am 8.11.1918 bildet Kurt Eisner (USPD) eine Regierung aus einem provisorischen Nationalrat, der aus Arbeiter- und Soldatenräten besteht.[4] Er steht in Widerspruch zu den gemäßigten Sozialdemokraten, die unter dem König schon zwischen Bürgern und Arbeitern zu vermitteln suchte, die von Erhard Auer geführt werden. Eisner lehnt jede Gewalt ab, das

---

[2] Vgl. http://www.preussenchronik.de/_/episoden/009790_jsp.html
[3] Vgl. G. Schmolze, Revolution und Räterepublik.
[4] Vgl. http://www.info-regenten.de/regent/regent-e/ger_bav.htm.

russische Modell, in dem die Räte gleich militärische Macht für sich beanspruchen und jede andere Meinung unterdrücken, war für ihn kein Vorbild, sondern abschreckendes Beispiel.

Trotzdem wird auch unter seiner Regierung eine Zensur für Zeitungen eingerichtet. Ihm gegenüber stehen Spartakisten wie Eugen Leviné, Max Levien sowie Anarchisten, u.a. Gustav Landauer[5] und Erich Mühsam. Eisner hat einen Außenpolitischen Trumpf in der Hand, den schweizerischen Professor Friedrich Wilhelm Foerster.

Eisner ernennt den renommierten Professor zu seinem Sprecher für äußere Angelegenheiten und gewinnt dadurch   Unterstützung von vielen ausländischen Pazifisten. Von diesen Verbindungen erhoffte sich Eisner, der zumindest eine Mitschuld Deutschlands am Ausbruch des I Weltkrieges zugegeben hatte, eine Milderung des noch ausstehenden Friedensvertrages. Eisner hatte nicht nur deswegen Feinde in nationalistisch gesinnten Kreisen, z.B. Offiziere, die in der Heimat vor dem gesellschaftlichen Nichts standen und die ihm die Zersetzung der Armee sowie einen Verrat am Vaterland vorwarfen. In der Dolchstoßlegende kommen diese Vorwürfe später wieder zum Tragen.

Eisner konnte außerdem die Probleme bei der Nahrungsmittelversorgung nicht lösen; er hatte wenig Unterstützung bei den Bauern und der Landbevölkerung allgemein.[6] Die Meinung des einfachen Bauern war, dass die ganze Zeit chaotischen Umtriebe in München schon vorbeiginge, er arbeitete weiter auf seinem Feld und schimpfte über die faulen Arbeiter in München, die nicht mehr arbeiten wollten. Eisner hält Kontakt zu Lenin, lehnt aber dessen totalitäre Methoden zur Beibehaltung der Macht ab. Auch in München gehen die Arbeiter wie gewöhnlich zum Schweinshaxen essen, sie identifizieren sich nicht mit Eisners hochtrabenden idealistischen Ideen, sie wollen für sich selbst eine Verbesserung ihrer Lebensumstände, wer dann an der Macht ist - das ist ihnen egal. Nach Eisners Ermordung am 21.2.1919 wird nach Wahlen die Regierung unter Hoffmann am 18.3.1919 vom Landtag bestätigt.

Am 7.4.1919 kommen die Anarchisten unter Mühsam zusammen mit der USPD nicht jedoch der KPD an die Macht, die „Räterepublik Baiern" wird gegründet; diese Phase währt jedoch nicht lange, da schon am 13.4.1919 nach Niederschlagung eines Militärputsches die

---

[5] Vgl. http://www.anarchismus-gustav-landauer.de/seite1.html
[6] Vgl. für den folgenden Absatz M. Bauer, Kopfsteinpflaster.

kommunistische Räterepublik ausgerufen.[7] Die gesetzgebende Gewalt erhält ein vierköpfiger Vollzugsrat unter Leitung von Eugen Leviné. Es kommt zu einer Bildung einer roten Armee unter dem ehemaligen Matrosen Rene Egelhofer. Am 16.4.1919 siegt diese rote Armee zwar bei der „Schlacht von Dachau", sie kann sich trotz der Diktatur der roten Garde und Geiselerschießungen in München jedoch nur knapp 14 Tage gegen die von Hoffmann angeforderten Reichswehrverbände und Freikorps. Jetzt beginnt die Phase des „weißen Terrors", die insgesamt ca. 1000 Opfer fordert. Daraufhin bildet Hoffmann unter Einbeziehung der bürgerlichen Parteien wieder eine Regierung und Leviné wird zum Tode verurteilt.

3.2   Ereignisse außerhalb Münchens

3.2.1   Die Entwicklung in anderen bayrischen Städten

In anderen bayrischen Städten gibt es Rätesysteme, zum Beispiel in Nürnberg oder in Augsburg. Auch diese Systeme sind ephemer, da sie nicht den nötigen Rückhalt in der Bevölkerung haben und zum Teil nach äußerst kurzer Zeit wieder niedergeschlagen werden.

3.2.2   Die Entwicklung außerhalb Bayerns

„Am 11.11. wird vom Leiter der deutschen Waffenstillstandsdelegation, Matthias Erzberger, in dem Eisenbahnwaggon des General Foch im Wald von Compiègne der Waffenstillstand unterzeichnet, der de facto eine bedingungslose Kapitulation darstellt.

Zwei Tage später annulliert die Sowjetregierung den Vertrag von Brest-Litowsk und marschiert mit der Roten Armee in von Deutschland besetzte Gebiete ein. 29.12./30.12.: Die Spaltung der deutschen Arbeiterschaft wird durch die Gründung der kommunistischen Partei Deutschlands vollzogen. .1.-13.1. Der Spartakus-Aufstand scheitert an der Reichswehr unter ihrem Berliner Kommandanten Gustav Noske. Es gibt bei den harten Straßenkämpfen 156 Tote. Insgesamt halten die Unruhen und Streiks trotz scharfer Polzeikontrollen bis April an. 15.1. Rosa Luxemburg und Karl Liebknecht werden von Angehörigen der Reichswehr ermordet und zu Märtyrern der Linken."[8]

---

[7] Vgl. im folgenden www.uni-regensburg.de/Fakultaeten/phil_Fak_III/Geschichte/Lehre/w2006uexamen-Revolution-1918.doc
[8] www.weltchronik.de/dch/dch_2460.htm

4. Das Ende der Räterepublik München

4.2 Das Freikorps- Zusammensetzung und Motive

Die Freikorps wurden durchweg von alten, verdienten Offizieren geführt. Diese waren noch dem Kaiser treu und konnten demokratischen Gedanken in keinster Weise etwas abgewinnen. Sie warfen den v.a. Sozialdemokraten und anderen Linken vor, das unbesiegte deutsche Haeer von hinten erdolcht zu haben. In den Freikorps dienten Bauern und Bürgerliche, die nach dem Motto „lieber tot als rot" die neuen Machtverhältnisse verhindern wollten. Die Ereignisse in Russland dienten als zusätzliche Abschreckung vor rotem Terror. Die Freikorps boten außerdem dem zerfallenden Heer ein soziales Auffangbecken, bei dem jeder außer Kameradschaft, die sich über Jahre erhalten hatte und persönlichen Bindungen, genügend zu Essen und Lohn bekam, dass er überleben konnte. Desweiteren wird von „Landsknechttypen" in den Freikorps berichtet. Diese Freikorps verfolgten mit aller Brutalität das Ziel Deutschland vor rotem Terror zu beschützen und Ordnung und Sicherheit wieder herzustellen.

4.2 Das Verhältnis von Preußen und Bayern

Das Wort „Preuße" ist in Bayern verpönt wie kein anderes. So hat sich die Bezeichnung „Saupreißn" in Bayern in die heutige Zeit hinübergerettet. Darin kommt eigener Patriotismus und Nationalstolz sowie eine Abneigung gegen alles Fremde zum Tragen. Da Preußen in Deutschland unter Wilhelm dem II eine vorherrschende Macht in Deutschland war und der preußische Militarismus ganz Deutschland prägte, wurde die Abneigung der Bayern, die trotz ihrer Größe wenig zu sagen hatten, immer stärker. Dieses Verhältnis spielt eine nicht zu vernachlässigende Rolle bei der Eroberung Münchens durch Reichswehr und Freikorps. Kommandeure achteten bei der Aufstellung ihrer Verbände darauf, dass sich nicht rein preußische Verbände nach Bayern wagten, da diese den Widerstand aller Bevölkerungsteile auf sich gezogen hätten.

4.3 Der Einfluß der Entwicklung in Rußland auf Deutschland

Die Machtübernahme Lenins in Rußland beeinflusste die Entwicklung in Deutschland in mehrere Weise.[9] Einerseits war in Russland demonstriert worden, dass eine Revolution erfolgreich durchgeführt werden konnte und dass es gelang die Macht zu erhalten und zu

---

[9] Vgl. http://www.weltchronik.de/dch/dch_2397.htm

festigen. Natürlich ist Russland nicht mit Deutschland vergleichbar, eine völlig andere Geschichte, demographische Zusammensetzung, industrielle Entwicklung und Mentalität mußte sich auch in der Durchführung der Revolution widerspiegeln. Aus Rußland erhielten die Verfechter kommunistischer Pläne und der Räterepublik logistische, diplomatische und ideelle Hilfe.[10] Kurt Eisner weigerte sich jedoch stets von Gewalt Gebrauch zu machen und lehnte deshalb die Mittel, die Lenin anwandte ab. Auf die bürgerliche Bevölkerung wirkte die russische Revolution als Schrecken, auch sie differenzierten nicht zwischen russischem Kommunismus und den vielfältigen Sozialismustheorien, die in Deutschland vertreten wurden.

4.4 Die weitere politische Entwicklung in Deutschland in Zusammenhang mit der Räterepublik München

Die Räterepublik in München konnte rechtsextremen Kreisen als Beispiel für die Dolchstoßlegende (Entwaffnung/Demobilisierung von Soldaten) gelten. Des Weiteren wurden antisemitische Vorurteile geschürt und schienen sich zu bestätigen.

Die Führer der Räterepublik (z.B. Eisner, Leviné, Landauer, Levien, Mühsam, Toller) waren allesamt Juden, allerdings befanden sich in den Reihen ihrer Gegner (Graf Arco) auch Halbjuden oder Juden, daher sind diese Verallgemeinerungen nicht zutreffend.

Zu den rechtsextremen Kreisen die damals in München bestanden, gehörten später führende Persönlichkeiten des dritten Reiches (z.B. Rudolf Heß, Hans Frank).

---

[10] Vgl. http://www.historisches-lexikon-bayerns.de/artikel/artikel_44592

5.   Zusammenfassung

5.1   Zusammenfassung der wichtigsten Ergebnisse der Räterepublik

Die einschneidenste Veränderung der Räterepublik ist die Abschaffung der Monarchie zugunsten eines anderen Staatssystems. Hierbei ist es zunächst unwesentlich, über welche Stufen dem Volk es ermöglicht wurde selbst auf die Politik Einfluss zu nehmen. Die Räterepublik als solche konnte sich wegen des starken Widerstands aus konservativen und reaktionären Kreisen nicht halten, trotzdem haben sich gewisse Ideen, die auch in der Räterepublik verwirklicht wurden durchgesetzt. Als Beispiel ist die Wahlberechtigung für Frauen zu nennen, die nach 1919 nicht beseitigt werden konnte, obwohl dies in manchen politischen Kreisen gewünscht wurde.[11]

Weitere wichtige Hintergründe sind anhand der Ereignisse in der Räterepublik nachzuvollziehen:

1) Tief verwurzelter Antisemitismus, in dem unter anderem die Wut über den verlorenen Krieg und schlechte Lebensumstände sich in Hass gegen Juden umwandeln.

2) Schon hier ist zu sehen, dass sich in Deutschland ein neues Politkmodell erst langsam einfinden muss, da viele Menschen gedanklich noch dem Kaiserreich nachtrauern.

3) Schließlich wird die Dolchstoßlegende durch die Ereignisse in München gestärkt.

4) Durch tatsächliche Ereignisse, verstärkt durch nachträgliche Legendenbildung gewinnt die Bevölkerung eine (nicht zwangsläufig ungesunde) Abneigung gegen „rotgefärbte" Politik.

5.2   Die Räterepublik München und ihre Ergebnisse aus heutiger und damaliger Sicht – Ein Vergleich

In der Weimarer Republik sowie im dritten Reich bildeten sich Legenden um roten Terror in München. Diese wurden oft und gerne von rechtsextremen Kreisen ausgenutzt, um zu zeigen, was passiere, wenn die Juden an der Macht sind. Auch Adolf Hitler hielt sich zu dieser Zeit in München auf. Auch er verbindet später Kommunismus und Judentum als Wurzel allen Übels.

So erschien die Räterepublik im Nachhinein als undeutsche Form der Politik, die sich gerade deswegen nicht durchsetzen konnte. Die Legenden behaupteten, dass es damals keine Revolution gab, sondern dass die Umstürze von langer Hand geplant waren und dabei

---

[11] http://www.dadalos-
d.org/deutsch/Menschenrechte/Grundkurs_MR3/frauenrechte/woher/frauenbewegung1.htm

ausländische Mächte im Spiel gewesen seien. Diese Verdächtigungen ließen sich um so leichter behaupten, als die damalige Situation gerade so chaotisch und unvorhersehbar war , dass es tatsächlich möglich gewesen wäre, dass Revolutionäre gezielt nach Deutschland gebracht wurden, wie es Deutschland mit Lenin in Russland praktiziert hatte.

Heutzutage erscheinen sie jedoch als durch nichts legitimierte antisemitistische Vereinfachungen, die den Kern der Sache einfach nicht treffen. Die heutige Rezeption der verschiedenen Systeme – Anarchismus, Kommunismus, Sozialismus – mit allen ihren Abstufungen ist differenzierter als früher, da man sie heutzutage nicht von vornherein ablehnt und so zum Teil sinnvolle, praktisch verwertbare Aspekte aus diesen Theorien ziehen kann.

Nicht zu übersehen ist aus heutiger Sicht, dass die Regierung in München nicht nur an eigenem Unvermögen oder Nichtakzeptanz der Bevölkerung scheiterte, sondern von vornherein zum Scheitern verurteilt war. Die Spartakusaufstände und ihre blutige Niederschlagung hatten längst gezeigt, dass sich diese „rote" Regierungsform in Deutschland schon wegen der machtpolitischen Situation nicht hätte etablieren können.

Von daher ist es nicht gerechtfertigt zu behaupten, dass die Räterepublik eine Regierung von jüdischen, ausländischen, weltfremden Utopisten war, die „dem braven Deutschen" eine undeutsche Regierungsform aufzwingen wollte.

6.   Resümee

6.1   Aktueller Bezug Rätemodell : mehr Demokratie ?

In letzter Zeit wurde immer wieder aus allen politischen Richtungen der Ruf „mehr Demokratie" laut. Dieser Begriff „mehr Demokratie" ist weit gefasst. Unter dieser Forderung verstecken sich unterschiedliche Standpunkte. Ein Standpunkt soll hier kurz betrachtet werden:

„mehr Demokratie durch direkte(re) Demokratie !"

Diese Parole wurde in den letzten Jahren unter anderem durch die FDP ausgegeben. Auch rechtsradikale Parteien wie die DVU fordern Volksabstimmungen ein. Was ist von diesen Forderungen zu halten und inwieweit sind sie mit einer Annäherung an eine Räterepublik verbunden?

Diese Forderungen haben den Hintergrund, dass viele Bürger sich durch die heutigen Parteien nicht ausreichend repräsentiert fühlen. Das hängt unter anderem mit einem Wertepluralismus zusammen, der dazu führte, dass die großen Volksparteien (CDU und SPD) sich politisch nicht mehr so stark wie früher unterscheiden und es innerhalb dieser Parteien zum Teil größere Differenzen gibt, als sie zwischen den Parteien existieren. Diese Gedanken wenden sich also gegen die repräsentative Demokratie. Volksabstimmungen zu jedem wichtigen Thema hätten den Vorteil, dass die Bürger direkt entscheiden könnten oder wie im Rätesystem mit einem imperativen Mandat gezielter auf richtungsweisende Entscheidungen einwirken könnten. Dieses System würde die Parteien (Art. 21 GG!) überflüssig machen und Korruption und Vetternwirtschaft, wie wir sie tagtäglich in der Bundesrepublik erleben, verhindern. Das soll allerdings nicht bedeuten, dass ich dafür plädiere erstere abschaffen, Korruption kann auch mit anderen Mitteln bekämpft werden.

6.2   Wie können die Anarchismustheorien Kropotkins und Gustav Landauers heute verwertet werden?

Die Antwort auf diese Frage passt nun leider nicht mehr in den Rahmen des schriftlichen Referats.[12] Schade?

---

[12] Vgl. dazu http://www.anarchismus-gustav-landauer.de/seite1.html

7. Verwendete Quellen

a) Internet (alle Stand 09.01.2008)

www.info-regenten.de/regent/regente/ger_bav.htm

www.anarchismus-gustav-landauer.de/Seite1.htm

http://www.preussenchronik.de/_/episoden/009790_jsp.html

www.weltchronik.de/dch/dch_2397.htm

http://www.historisches-lexikon-bayerns.de/artikel/artikel_44592

http://www.dadalos-d.org/deutsch/Menschenrechte/Grundkurs_MR3/frauenrechte/woher/frauenbewegung1.htm

www.uni-regensburg.de/Fakultaeten/phil_Fak_III/Geschichte/Lehre/w2006uexamen-Revolution-1918.doc

b) Literatur

SCHMOLZE, Gerhard: „Revolution und Räterepublik in München 1918/19"
Karl Rauch Verlag 1969

BAUER, Max: „Kopfsteinpflaster –Lebenserinnerunen aufgezeichnet von Max Bauer"
Eichborn Verlag 1981